# 未来を支える君たちへ

川合正｜著　川合芳子｜絵

*Tadashi Kawai & Yoshiko Kawai*

晶文社

# 未来を支える君たちへ　目次

# はじめに

二〇一一年三月十一日以降の一年間、我々が感じ、考えてきたことを決して忘れてはならないと強く思っています。国家・政府・経済・教育・科学など、今まで、安全だと信じていたものが根底から崩れてしまいました。

日本が誇るアニメーション作家の宮崎駿氏の作品に『風の谷のナウシカ』があります。公害・戦争・核兵器により、自ら住む世界を破壊し続けた人間。火の七日間と呼ばれる大戦争で産業文明は壊滅してしまい、わずかに生き残った人類。その地は有毒な瘴《しょう》気を発する菌類の広大な森・腐海に征服されかかっていた。やさしさと猛々しさの両面を持つ人間は、腐海の広がる世界を再生できるのだろうか、というのが主要テーマであると私は考えます。

東日本大震災と津波、福島の原発事故後の惨状、世界各地で起こっている気候変動や災害などと何か重なって見えてきます。腐海で暗示された恐怖が、地球上にどんどん広がってくるように思えるのです。それは、進歩・発展・便利・快適・利潤などを追求してきた人類の傲慢さが引き起こしたものだともいえそうです。

終わりなき戦争、核・原発問題、環境破壊問題、政治・経済・教育政策の不安定さ、ウイルスとの闘いなど、世界・社会は大きな課題を抱えています。

この困難な課題を解決できるのは、若い君たちです。自然を愛し、虫と対話することのできる少女ナウシカのように、君たちには無限の可能性が秘められています。しかし、だれもがその可能性を伸ばし行動できるわけではないことも事実です。

行動できるということは、【大きいこと→小さく→抽象的なこと→具体的にし→否定は→肯定にする】ということです。例えば、【地球を救うぞ→砂漠に木を植える→大学の環境系に進学する→英語が弱いからダメだ→国語や社会は強い。だから可能性がある】というように発想するのです。最後に「ない（否定）」がこないこと。必ず「ある（肯定）」にして、「私は、できる」と考え、何事にも積極的にチャレンジしていってほしいと思います。

また、このように若い君たちへの願いを書いてしまいました。もっともっと手本を示し、君たちをぐんぐん引っ張っていくのが私たち大人の使命のはずであったのに、3・11以降考えてしまうことが多くなりました。自信を持って、この道を進めといえなくなりました。しかし、君たちには、輝ける未来が待っています。そんな君たちと向かい合ってこの十年来、特別授業やオリエンテーション、全校朝礼などで私の語りかけてきた言葉に、いつもそばにいて私を支え、自然と向き合い、花と会話をしながら妻芳子が描いた絵を添えて、未来を支える若い君たちに贈ります。

二〇一二年三月

センニンソウ

# 私は、私

私の好きな絵本作家レオ＝レオニに『さかなは　さかな』（谷川俊太郎訳、好学社、一九七五年）という作品があります。「かえるの まねした さかなの はなし」と副題がついているこの話は、友人の蛙から聞いた地上の世の中をいろいろと想像し、憧《あこが》れていた魚が、ある日、一大決心をし、蛙の真似をして地上に出て動けなくなります。蛙に助けられた後、「この せかい＊こそ、たしかに どんな せかいよりも うつくしい せかいだった」と気づき、「さかなは　さかなさ」とつぶやくという短い話です。

私も、このさかなと同じような気持ちに時々襲われます。人と話していると、私の世界より、外の世界が立派に見えてきてしまうことがあるのです。でも、私の世界も他人からすれば、すばらしい世界に見えているかもしれません。自分の今立っている場所と自分を信じて、まずは精一杯生きてみようと思っています。

一九九九年

＊　水の中。

# かっこいいよ！　母さん

Aさんも B さんも素敵なお母さんです。いつも子どものことを真剣に考えていらっしゃいます。ところが、先日「私の母は」という題で生徒に短文を書いてもらったら、A君が「このごろカッチョよく思える。それは服に興味をもってきたからだと思う」と書いているのに対し、B君は「近くにいるだけ、うるさい存在」と書いていました。この大きな違いは一体何故起きてきたのか興味あるところで、二人のお母さんに直接聞いてみました。

Aさんは、子どもが中三の頃、何をいってても反抗的になってきたので、少し距離を置いてみたら非常に楽になり、自分も外に出て趣味の勉強もできるようになったと話されていました。Bさんは、子どもが何も話してくれないので、このままでは大変なことになると思って心配で心配で常に声をかけているそうです。

子どもの方は、一方で母の存在を認め、他方では邪魔者扱いしています。できることなら、君たちもA君のように、母の存在を認め、「かっこいいよ、母さん！」と声をかけられるといいですね。

一九九八年

# 心ある会話

最近、悩んでいることがある。毎朝飲料水を買いに入るコンビニの可愛い店員が、「いらっしゃいませ」と「袋に入れますか」「毎度ありがとうございました」としか、いわないのだ。もう二年間ぐらい通っているのだから、「今日もいい天気ですね」とか「いつも元気そうですね」とかなんかいってほしい。そう思って、最近は「おはようございます」と声をかけるようにしているが、店員は「いらっしゃいませ」としか答えられない。ああ、これじゃ人間同士の会話じゃない、このままでいいのだろうか、という強い気持ちにかられるが、これはいらないおせっかいであろうか。

そういえば、自動販売機をはじめ、いたるところに無機質の「カイワ」が氾濫《はんらん》しているようだ。国語の教師の私としては、「会話の授業」も大切な仕事になってきたと思っている。家庭でも「親子の会話」を工夫してほしい。以前は、町中で自然にうるさいほど「会話」があったように思うのだけど……。例えば、駄菓子屋のおばさんが、「お母さんは、元気?」「久しぶりね!」「どうだった? 先週の釣り」などと声をかけてくれたような気がするんだけど。でもあれは、幻想だったのかナ。

一九九九年

ブルースター

# 日本の未来をになう

最近、社会に適応できない若者たちの話題を聞く機会が増えました。日本では百万近い人が「ひきこもり状態」だといわれています。問題点は軽軽に論議されるものではないでしょうが、日本の存亡に関わる問題だと私は思っています。

畑正憲氏の『ムツゴロウの人間教育』(廣済堂文庫、一九八七年)の中に、こんな話がありました。馬は、病気、その他の事情で一頭だけ隔離して育てると、おとなしくて人なつこい馬になります。その代わり、走ってもすぐ飽きて立ち停まってしまい、厭だとなったら金輪際走らず、ふてくされているのだそうです。そして、畑氏は「名馬は、孤独の中からは生れないんだ。人がかわいがり、母馬が懸命に世話を焼き、よき群れにめぐり会ってはじめて出てくるものなんだ」といっています。

また、上野動物園の元園長で、[1]ミュージアムパーク茨城県自然博物館館長の中川志郎氏は[2]ある講演で次のようなことを述べています。「[3]ほ乳類では、母親が赤ん坊を常にしっかり抱くと赤ん坊が安心する。また、赤ん坊に乳首を吸われることで母親の脳が刺激されて『母性愛ホルモン』が大量に分泌される」「[3]成長すると、母親はわが子をしっかり見守り、子供もそれを信頼することから、やがて身の回りのものに好奇心が芽生える」。

このような著名な動物学者の話を聞くと、これは動物だけのことだと見過ごすことができなくなります。人間は人間関係の中で成長していく、というのは自明の理《ことわり》ですが、同時に傷つくことも多くあるでしょう。中学・高校で仲間たちと共に切磋琢磨して、力を身につけたみなさんが社会の中で堂々と荒波を乗り切っていってくれることを願っています。

二〇〇四年

＊1　二〇〇五年より名誉館長。
＊2　「動物にみる子育ての原点――猿はなぜ子どもを抱くか」第54回全日本中学校長会研究協議会茨城大会（茨城県立県民文化センター、二〇〇三年十月二十四日）。
＊3　出典：『内外教育』時事通信社、二〇〇三年十一月四日「着実な教育活動行う学校づくりを」。

# 花からのメッセージ

ブーゲンビリアの花が、三年ぶりに咲いたと妻が喜んでいた。「手入れをしている時は、一度も咲かなかったのに、世話をしなくなったら、咲いた」という。ピンクの可憐《かれん》な色合いを楽しみたくて、水をやったり肥料をあげたりこまめに世話をしていたが、一向に咲く気配がない。そんな時、ある人から「ブーゲンビリアは、放っておくのがいい」と聞いて、その通りやってみたら咲いたらしい。不思議な話だ。

そんなことを職員室で話していたら、ベテランの生物の先生がいうには、「植物には、存続の危機が訪れると種を残そうという本性がある。柿の木も皮を削って栄養がゆき渡らないと一杯実をつけるのだ」そうだ。

可愛いと思ったり期待したりすると、いろいろと世話をしたり手を出したりしたくなる。水をやったり肥料をやったり触ってみたり、時には揺すってみることもある。「よかれ」と思ってやっていることが、相手の邪魔になっているとしたら悲しいことだ。子育てにも同じことがいえるのかもしれない。相手の静かなメッセージに耳を傾ける姿勢と力を持ちたいものである。

二〇〇〇年

ブーゲンビリア

# 国際社会で生きる

二〇五〇年には、ＢＲＩＣ（ブラジル・ロシア・インド・中国）が世界を席捲《せっけん》しているであろう。その時日本は、世界から忘れられた存在になっている。

このように、一橋大学の石弘光《いしひろみつ》学長（一九九八〜二〇〇四年在任）は「日本経済のゆくえ」[*1]という題で語られた。バブル崩壊後の経済成長率がこの数年、落ち込み気味であること。一九九三年[*2]には世界一位であった日本の国際競争力が、一昨年（二〇〇二年）には三十位まで衰退してしまったこと。しかも、急速に進む高齢化社会。その時示された、これらの資料に、戦慄が走る思いであった。

日本が戦後、先進国の仲間入りができたのは、①有能な労働力、②貯蓄力、③技術、であったというが、この三つがことごとく崩壊している。しかも、それが改善される見込みがないというのだから、子どもたちの将来に責任を負う我々としては戸惑ってしまう。

一九九七年、イギリスの首相に就任したブレア氏は、「イギリスを建てなおす為に三つの重要な課題がある。それは、〝education（教育）education and education〟である」と演説した。今こそ、教育力を高めることが国家の最優先課題だといえそうだ。

中学生・高校生の君たちには、将来、国際社会の中でグローバルに活躍し、リーダーシップを取れる人間になるための学びを、今しっかりとしてもらいたいと願っている。

二〇〇四年

＊1　全国商業高等学校長協会春季総会・研究協議会（東京・九段会館）二〇〇四年五月二十四日の記念講演にて。
＊2『朝日新聞』二〇〇二年五月三日朝刊「製造力——復活へのカギ④」を参照。

# まなざし

野の仏が好きで、よく野山を歩き回った時期がありました。目指してきた石仏の前で、荷物を下ろし、優しい「まなざし」に向かい合った時は、至福の時間であったことを懐かしく思い出します。あの「まなざし」は何であったのでしょうか。どんな愚痴をいっても、文句をいっても、ニコニコと聞いてくれる石仏。弱気になり泣きたいような時には、大丈夫だよと励ましてくれる「まなざし」。

あれこそ絶対的な愛（アガペー）だったのだと思うようになりました。言葉は一切なくとも、そこにいて見守ってくれると信じるだけで安心感を得られる石仏。人々が長い間、信仰してきた理由を、やっと理解できた気がします。最近、遠く離れた地にいる母にも同じような思いを抱いている自分に気づきます。

「まもる」という言葉は、本来「目守る」という意味でした。「どんなときも子どものことを信じ、目を離さないでじっと見つづける」というまなざしこそ「子どもをまもる」親の最高の愛だといえるのではないでしょうか。

二〇〇〇年

ヒマラヤユキノシタ

# 「携帯電話」雑感

妻がとうとう携帯電話を買った。我が家にとって、事件であった。妻はこれまで携帯電話を持とうとしなかったのだが、数日前、麻綿原《まめんばら》高原で中高年の三十人が山歩き中に遭難したことが、変心の最大の理由である。当日、息子の車でドコモショップにいき、彼にすべてを任せて購入して意気揚々と帰ってきた。そして、悪戦苦闘しながらも息子の指示に全面的に従って操作している姿は、満更でもなさそうな嬉しそうな顔であった。これで家族全員が携帯電話を持つことになった。何かしらホッとした。

今や私にとっても携帯電話は、なくてはならない存在になってしまった。忘れようものなら一日中落ち着かない。これは、小・中・高生にも同じことであろうと考えると、すでに携帯電話文化は市民権を充分に得たことになるだろう。少年・少女が携帯電話を持っている理由として、ある携帯電話会社の調査では「親が安心できるから」というのが大きな理由になっていた。私が妻のことで「ホッ」としたように……。小学五、六年生の携帯を持っている生徒の約半数は「自分では持たなかったが親に持たされた」と先の調査に答えていた。

私が子どもの頃、村には一台の電話しかなかった。電話がかかってくると有線放送で「〇〇さん電話がかかってきています。すぐ公民館まできてください」と呼び出された。それから四十年、電話の進歩はすさまじかった。電話が鎮座する場の変遷からもそれはうかがえる。隣近所の人も利用できるよう、サザエさんの家のように玄関・廊下に置かれた電話は、その後、家族の集まるリビングに移り、そしてコードレスの子機がついて管理されない子ども部屋での電話。この時も、大人たちは戸惑ったものだ。親子喧嘩に発展する場合も多く、親から相談を受けることも多かった。

携帯電話は、今や電話機ではない。様々な機能を持っている。CM*で松ちゃんが「話せりゃええやんって思いますけどねえ。電話なんやし」といっている場合ではなさそうだ。

二〇〇三年

＊ お笑いコンビ「ダウンタウン」の松本人志が当時、携帯電話TU-KAのCMに出演していた。

# ひとあし、ひとあし

六年前、出会った君たちは、今卒業の日を迎えます。また、今年私が授業を受け持ち一緒に学んできた中三生は、中学を終え、高等学校へ進学します。私にとって感慨深い春がやってきました。その愛する君たちに、しゃれた贈る言葉でもと考えたのですが、なかなか思いつきません。社会の荒波の中に出帆していく君たちには、ただ「元気でやれよ！」という声をかけるくらいです。
「たった一度の君たちの人生」、そのかけがえのない人生は、自分で歩むしかないんですものね。アメリカで活躍した絵本作家のレオ＝レオニの『ひとあし　ひとあし』という作品の尺取り虫は、ひとあしひとあし歩いて、知恵を働かせ、多くの危難を乗り越えていきます。決して無理をせず、自分のできる範囲で、ゆっくりゆっくりと。私は、この尺取り虫が理想です。自分の歩みに自信を持って、君たちが、危難を乗り越えて歩んでいくことを祈っています。私も君たちに負けないように歩いていきます。

二〇〇〇年

キャベツ

## 自分の人生を「プラス思考」で

ニート問題が注目されています。総務省統計局「労働力調査」によると、ニートの数は、一九九六年に四十万人、一九九九年に四十八万人と増加し、二〇〇二〜二〇〇五年は六十四万人と推移しています。NEET とは、Not in Employment, Education or Training. の頭文字をとって命名された言葉で、「職についておらず、学校等の教育機関に所属せず、仕事に結びつくトレーニングもしていない、十五歳から三十四歳までの若者」のことを指しています。二〇〇三年にフリーターが二百十七万人に達したと話題になりましたが、働く意思があり将来への夢があり、行動しているだけマシであるということになります。また、厚生労働省は二〇〇五年十二月二十二日に、日本の人口が統計史上初めて一万人減るという人口動態統計の結果を発表しました。少子化を背景に秒読み段階に入っていた人口の自然減がいよいよ始まり、日本の労働人口はますます減っていく時代に入ったわけです。その上、ニートが増えれば、納税しないだけではなく、生活保護費の受給者になる可能性も高く、日本の将来に大きな影響が出るのは間違いないことです。「対岸の火事」ではなくなってきました。

独立行政法人労働政策研究・研修機構の小杉礼子氏はニートを、

1　「せつなを生きる」型……目先の楽しみだけを求める快楽主義的なタイプ

2　「つながりを失う」型……社会との関係を築けず、引きこもってしまうタイプ
3　「立ちすくむ」型……何をしたいのかわからず、就職を前に立ち止まってしまうタイプ
4　「自信を失う」型……いったんは就職したものの早々に辞め、自信を喪失したタイプ

の四種類に類型化しています。*この中で、日本は「せつなを生きる」型が少なく、働きたいのに、働けないという2、3、4に分類される若者が多いようです。

働けなくなってしまう若者の原因は、情報過多で迷ってしまう、まじめ・純粋・一生懸命な若者の増加、わかりやすい授業の提供（タフネスが育っていない）、人づきあいが苦しい、「いっぱい、いっぱいです」が流行語、親と先生以外の大人を知らない、初めての人に挨拶するのが苦しい、あきらめが早いなど、識者によって様々な指摘がされています。確かに面倒見の良い温かい環境で育った子どもたちが、就職試験で五社も十社も不合格通知をもらえば、「自分は社会に必要とされていないのだ」と考え、引きこもる感覚もわからないわけではありません。

しかし、たった一度の自分の人生、引きこもっていてはもったいない気がします。ニート研究で著名な玄田有史氏は、「ちゃんといいかげんに生きろ」といわれました。この世に完璧な人はいないのです。自分の可能性を信じて前向きに生きていきましょう。

二〇〇六年

＊『読売新聞』二〇〇四年十月十二日〜十四日夕刊「社会学　ニート」上・中・下を参照。

# そのまんま

悩むことは悪いことじゃない
カッコわるいことは悪いことじゃない
悲しいことは悪いことじゃない
気が小さいことは悪いことじゃない
そのまんまでいいんだ
ぜんぶ　愛すべき
自分の人生なんだもん

出典：小泉吉宏『心の運転マニュアル本　ブッタとシッタカブッタ』（メディアファクトリー、一九九三年初版）

「疲れた時」「すこしつらいなー」と思っている時、私が開いて見るマンガ本の一節です。この登場人物のブタは、いつも後悔したり不安になったりしています。本当にいとおしくなってしまうブタ君です。

そうなんです。君たちは、そのまんまでいいんです。自分のことが好きになれば、人をどんどん愛することもできるようになるでしょう。人を愛せる若者に是非なってください。

二〇〇一年

コウヨウザン、モミジバフウ、ヤマハンノキ

# 「学ぶ」ということ

九月のある日曜日、東武伊勢崎線越谷駅から乗ってきた小学校一、二年生の可愛い二人の女の子。草加を過ぎ「次は、ニシアライ。次は、ニシアライ」の車内放送に、「何を洗うんだろうね」「イシかなー」「わかんないわね」と大きな声で話しています。そして「キタ千住、キタ千住」の放送に「キタといってるよ。降りよう」といって手をつないで降りていきました。一緒に降りた私は「凄い」と感じ入って、ホームでしばらく立ちつくし、「学ぶ」ということについて考え込んでしまいました。

ある言葉に対するイメージは、知識や情報の獲得や体験を通じて、次第に形成されていくものですから、この子たちも学び続ければ、単純に音だけで判断せずに、頭の中で知識を整理し、その場を理解して会話をするようになるでしょう。しかし、もし学ぶことを妨げられたり、学びから逃げたりすると、少ない知識で物事を判断することになります。恐いことです。

チンパンジーに「りんご」という字を見せると林檎の絵を描き、「秋」という字を見せると秋刀魚を描いているCMを見たことがあります。抽象的な理解ができるかどうかが「サル」と「ヒト」との大きな違いです。このチンパンジーはそれができたから特異だとしてCMに登場したのでしょう。

小学校三年生から四年生になる頃、急に学習が難しくなります。例えば「山」「川」などのイメージしやすい漢字から「信用」「勇気」などの抽象的な意味の漢字を理解しなければならなくなっていくのです。みなさんは、中学や高校で学んできました。「サル」から「ヒト」↓「人」↓「人間」へ、さらに成長していくために「知識や情報の獲得や体験をする」ことが、益々必要になります。いつまでも学び続けてください。

二〇〇六年

# すばらしき未来

ほとんど[*]の哺乳類の脳は、本質的には妊娠期間の終わりには完全に形成されるのに、ヒトではわずか二十三%しか完成していないのだと聞いてビックリしました。そうなると、残りの七十七%は出生後に周りの人々との人間関係の中でつくられていくことになりますね。さらに今年（二〇〇一年）の二月、ヒトゲノムの概要が解読されたというビッグニュースが流れました。それによると、ヒトと魚の遺伝子数はほぼ同じだというのです。さらにあの小さなショウジョウバエでさえ、ヒトの半分以上の遺伝子を持っているというから驚きです。

それでやっと「子供の将来の運命は、その母の努力によって定まる」（『東西名言辞典』東京堂出版、一九六九年）というナポレオンの言葉に納得がいきました。人間の運命は先天的に決まっているのではなく、後天的に周りの人々によってつくられていくものだったのですね。それなら、生まれて一番身近にいる人の影響を受けるのは当然のことです。人間の才能が遺伝ではなく後天的というと恐い気もしますが安心もします。可能性がどんどん広がっていきそうです。君たちも自主的に動き出す年頃になりました。自分の可能性を信じて大海に漕ぎ出しましょう。

二〇〇一年

＊ スティーヴン・J・グールド『個体発生と系統発生』（工作舎）を参照。

ムラサキカッコウアザミ

# 上手に勉強する法

ある調査（Benesse教育研究開発センター「第1回子ども生活実態基本調査」二〇〇四年）で学習の取り組み方について尋ねたところ、八割の高校生が「今までにもっときちんと勉強しておけばよかったと思う」と答えたそうです。多くの生徒が「勉強ができればいいなー」と考えているのですから、どんどん勉強するはずですが、そう単純ではないようです。同じ調査で七割強の高校生が「上手な勉強の仕方がわからない」と答えているそうですから。

私たちが、従来信奉してきた教育の三種の神器は「結果主義」「暗記主義」「物量主義」でした。しかし、より効率的な学習へのモチベーションを上げるということから、近年教育方法に対して文部科学省はじめ現場でも様々な「揺らぎ」が生じてしまったように思えます。

学習の基礎・基本はまず「国語力」の獲得だと私は考えています。寺子屋の時代から「読み・書き・そろばん（計算）」といわれましたが、これは日本人のDNAにしっかりと繰り込まれた学問の基本です。どの教科の学習でも、

①文章を読む、話を聞く
↓
②イメージとしてつかむ（視考力）

←③基本事項の学習（文字、漢字、語句、計算、単位の変換、記号の確認など）
←④実践（書く・話す）
←⑤わかる（理解・納得）
←⑥応用する
←⑦できる人

とチャートが描けます。いかに国語の力が必要か一目瞭然だと思いませんか。また、藤原正彦氏の『祖国とは国語』（新潮文庫、二〇〇六年）に「祖国とは国語であるのは、国語の中に祖国を祖国たらしめる文化、伝統、情緒などの大部分が包合されているからである」とあり、素直に納得させせられました。

さらに、②の「イメージとしてつかむ（視考力）」に注目してほしいと思います。最近、なおざりにされている項目で、是非補強したい分野です。この視考力を身につけるには、本物の体験や経験を積み、豊富な読書量、人とのコミュニケーションを大切にしてください。

二〇〇六年

# 椅子をどうぞ！

「苛立《いらだ》ちだの、不機嫌《きげん》だのは、往々にしてあまり長い間立ちどおしていたことから生ずる。そういうときには、不機嫌な人に対して道理を説いたりせずに、椅子《いす》をさし出してやることだ」（アラン『幸福論』串田孫一・中村雄二郎訳、白水社、一九七五年）という言葉に学生の頃出合い、心から納得し、ホッとしたことを昨日のことのように覚えています。最近、子どもたちと話していて、この言葉が時々頭をかすめます。みんな一生懸命生きているんだなぁーと思うことが多いからです。「椅子に座ってもいいんだよ」と声をかけたくなる場面にもよく出合います。

親も教師もだれもが、目の前の子どもを愛し、良かれと思って行動していると思っていましたが、幼児虐待や親殺し、教師の犯罪などの報道に接すると、この考えも怪しくなってきます。「大人は、自分を癒すために子育てをしている」状況も起こっているような気もします。この大人たちも子どもの時から偏差値で比較され、たくさん傷ついてきました。子どもも大人も様々な呪縛に囚われている時代のようです。

「イライラしているなー」と思ったら、椅子に腰掛け、ゆっくりゆっくり腹の底から深く呼吸をして休むことにしましょう。

二〇〇一年

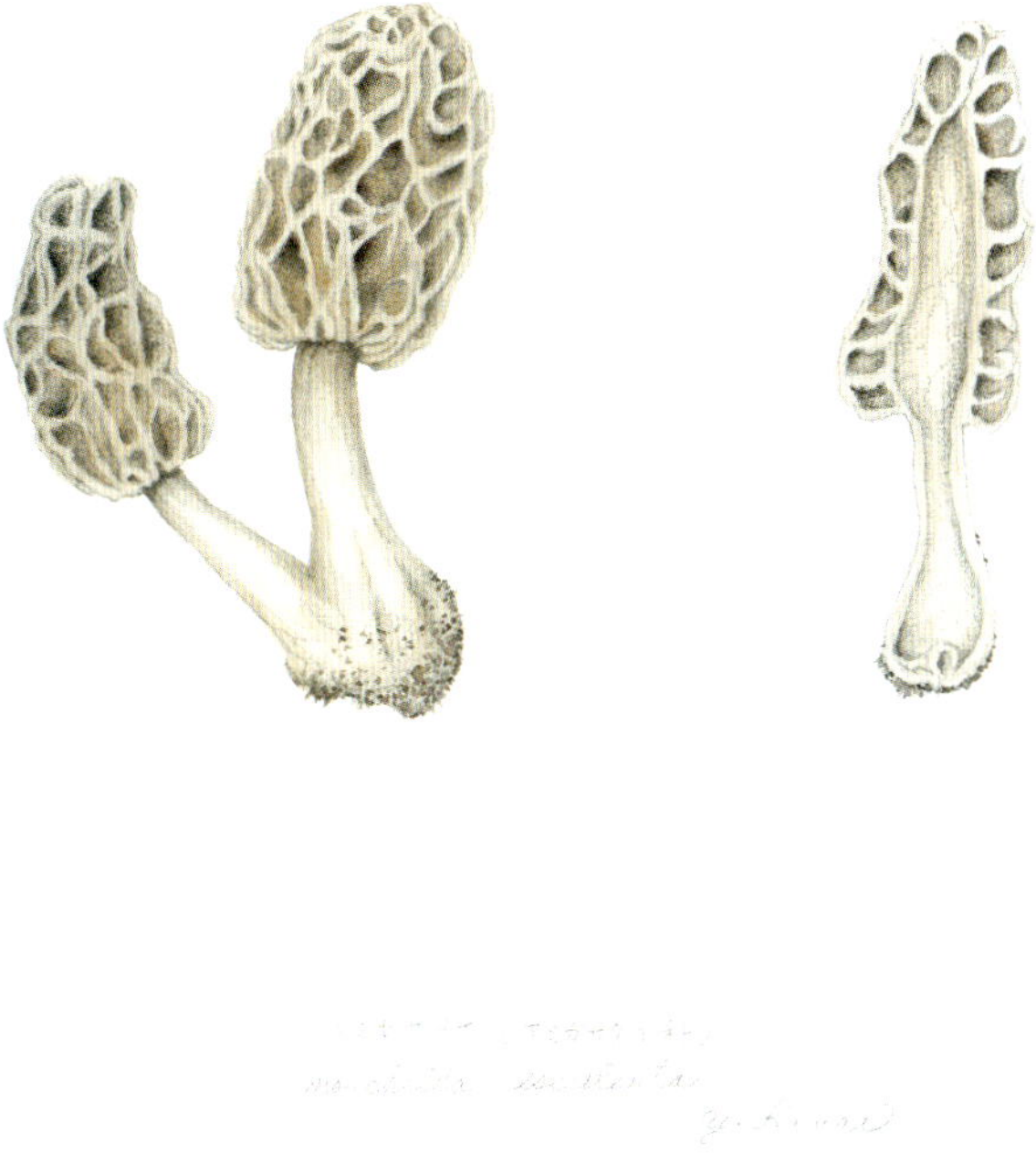

アミガサタケ

## 「競争」社会で生きていく

サッカー界でのジーコ監督からオシム監督への交代劇は、現代日本の世相と軌を一にしていて興味深い。「信頼」がジーコ・ジャパンのキーワードであったのに対して「考えて、走る」「走って、走って、走れ」がオシム監督のサッカーです。強いものが残り、弱いものが排除される厳しい「実力主義時代」の到来です。

勝つことを目的にするスポーツ界では、必然の原理であるといえそうですが、日本のあらゆる分野でも競争社会に突入しそうな勢いです。教育界でも「ゼロトレランス（寛容ゼロ）」という言葉が流行りだしました。オシム監督がロシアの政治家レーニンの言葉を引用したように、学生は「勉強して、勉強して、勉強しろ」、それ以外のことは考えるな、ということになるのでしょうか。勉強するのは、もちろん大切です。

ですが、本校で学んだ君たちには、ちょっと立ち止まって考えてほしいと思います。いつも勝ったり、成功ばかりするわけではないという現実を……。学祖井上円了先生の教えに「*身体を鍛えるのと同様に精神を訓練する必要がある」、しっかりと自分で考えて、判断し、行動しろ、とある通り、今こそバランスの取れた考え方をする必要性を感じます。規制改革の急進展で、航空業界、タクシー・トラック業界、建築業界、金融業界、ライブドア・村上ファンド、教育界でも多くの歪みが露呈しています。
競争社会の危険性を歴史的に証明したアルフィ・コーンの名著『競争社会をこえて』（法政大学出版局）にあるように、日本を背負う君たちには、人を愛することができて人の成功を自分の喜びにできる、心の大きい人物になってほしいと思います。そしてしっかりと社会で働いてくれることを願っています。

二〇〇七年

＊出典：高木宏夫・三浦節夫『井上円了の教育理念——歴史はそのつど現在が作る』（学校法人東洋大学、二〇〇一年改訂第四版）。

# 無限の可能性

この一年間は、暗いニュースもたくさんありましたが、科学の世界では飛躍的に新しい研究成果が発表された年でもありました。ヒトゲノムやヒトクローン胚などの最先端の科学の力で我々は、何を手に入れたのでしょうか。

『成功の暗号』（桐書房）の著者村上和雄氏（筑波大学名誉教授）は、あるインタビューに答えて「*多くの遺伝子は眠っています。スイッチをONにすればみんなすばらしい花が咲く」といわれています。「*ノーベル賞をもらった人の遺伝子の並び方と普通の人のそれとは、わずか〇・一％の違いしかない」「*人間は九九・九％同じ可能性を持って生まれている」というのです。ところが人間は、「*〇・一％を比較して、その差ばかりを問題にして」喜んだり、傷ついたりして生きてきました。遺伝子の研究は、我々個々人の無限の可能性をさし示してくれそうです。

では、どうすればOFFになっている遺伝子のスイッチをONに切り換えられるのでしょうか。例えば、恋をして心がウキウキワクワクするとONになります。これと同じように、目的を持つこと、大きな志を抱くこと、感動することなどもスイッチになるのです。是非、実践してください。

二〇〇二年

＊出典：『教育新聞』二〇〇一年十月二十五日「村上和雄氏に聞く」。

ヒャクニチソウ

二〇〇三年から取り入れている「命の授業」。その中から、ある日の授業を切り取ってみました。

## 生まれいずることの奇跡

みなさんは、今ここになぜ存在しているのですか？　お父さんと、お母さんの名前は、書けますか？　おじいさん、おばあさんは四人います。名前は知っていますか？　という具合に、あるクラスでの授業は始まりました。生徒たちは、軽快に答えたり、メモをとったりしながら授業に参加しています。さて三代前は八人、五代前は三十二人の先祖が必要です。では、十代前では何人になりますか？　そうです二の十乗ですから千二十四人の先祖がいたから、今の君が存在していることになりますね。もし、そのうちの一人が、事故か何かで、子どもをつくる前に亡くなったら、君は今ここにいないことになります。また、もし君が結婚する前に死んでしまったら、未来は変わってしまいます。すごいことだと思いませんか。奇跡ですよね。君が存在しているのは……。

さらに、赤ちゃんが生まれるのも奇跡だと思いませんか？「赤ちゃんはお母さんのおなかの中にできます。とても不思議です。新しい生命は、お父さんが毎日ほぼ1億つくる精子《せいし》のひとつと、お母さんがほぼひと月に1個つくる卵子《らんし》が合体して始まります」（河野美代子監修『SEX & our BODY』ＮＨＫ出版、一九九三年）と続きます。この本の「生命の始まりは数億の精子がたったひとつの卵子をめざすことから」の項に描かれた絵に解説を加えながら見ていきました。子どもたちはどんどん引き込まれていきます。そして授業の最後に吉野弘の詩「I was born」(『吉野弘詩集』ハルキ文庫)を朗読して終わりです。あっという間に五十分が経ってしまいました。

「今日、話を聞いていて前向きに生きていくことによって無限の可能性が生まれるということがわかった(S)」「奇跡が起きたから自分が産まれたんだなと思いました。約四億*の精子の中で最後に卵巣に行くのは一つだけだと思うとますます奇跡。自分には、無限の可能性があるんだなと思いました(N)」「今日の授業を受けて思ったことは、自分が生まれてきたのはとてもすごいことだなぁーと思いました。これからは自分の生き方をもう少し考えながら生活していこうと思いました(NI)」「命の大切さは、言葉にあらわせないほど大切なのだ。でもこれだけは言いたい。両親、ご先祖様に僕を産んでくれてありがとう。これからもよろしくお願いしますと(NT)」「命はとても短いものであって、その命を無駄にしてはいけないと思っている。人は限られた命を大切に使うべきだ(W)」

君たちの感想文は、どれもこれも素直で感動的でした。

二〇〇七年

＊一回の射精量。

# 水さしとコップ

学校に通うすべての子どもたちに、「なりたい自己（夢・目標）」と、「なれる自己（可能性）」を広げて楽しく学んでほしいと願っています。でも、学習に楽しく向かう姿勢を維持するのはなかなか難しいものですよね。臨床心理学者のカール・ロジャーズは、伝統的な教育を、水さしとコップ（jug and mug）の教育であるといっています。それは、「教職員（水さし）は、知的な事実に基づく知識を持っており、その知識を注ぎ入れることができるように学生を、受身の受取人（コップ）にする結果になっている」というのです。*

これでは、一方的な知識の伝達であって、面白いわけはありませんよね。今一度、教育を考え直す必要がありそうです。教育を受ける側の君たちも、コップが横になっていたり、他のものでつまっていたりしないか確認してください。教師である私も、君たちが積極的に参加したいと思える授業を構築するため、努力を続けます。

二〇〇二年

＊ 出典：カール・R・ロージァズ『人間中心の教師』（新・創造への教育2）伊東博監訳（岩崎学術出版社、一九八四年）。

樹木の落としもの

# 本物の実力

我が国経済は長期の低迷を続けています。この時代は、地球的規模での大競争の到来なのだそうです。世界で活躍するイチローや中田、そして世界をリードする会社を起業した若手社長などに代表されるように、単なる学校歴ではなく、学習により実際に身につけた能力が重視される時代になったということになるでしょう。その能力は、

1　人の信頼を得ること（人間性を育てる）
2　自己学習できる能力
3　他人を理解し自己を主張する能力

だといわれています。これは、世界のどこにでも通用する「本物の実力を備えよ！」ということでしょう。

倒産しそうな日産をたったの二年で建て直したカルロス・ゴーン氏は、何をやったかよりも、どうやったかを問うのだそうです。結果よりも努力するプロセスこそが大切だというのでしょう。努力を続け、自信を身につけて社会に飛び出していってください。君たちの国際社会での活躍を心待ちにしています。

二〇〇三年

# 支援するということ

蛾がまゆから出ようとする時、外から穴を開けるのを手伝ったら、その蛾は空を飛ぶことができなかったというのは、画家レンブラントの有名な逸話です。私たち教師や親はだれもが「子どもによかれ」と思い、いろいろな支援をしています。しかし、もしそれが相手の成長の邪魔をしていることがあるとすれば、こんなに悲しいことはありませんね。

「子どもを不幸にするいちばん確実な方法は――（中略）――いつでもなんでも手に入れられるようにしてやることだ」*という、フランスの思想家ルソーの言葉も頭をよぎります。

人間は、人間関係の中で社会力を身につけ成長していくというのは当然の理《ことわり》ですが、同時に傷つくことも多くあります。京北に通うすべての子どもたちが、相手の立場を考え行動できる若者に育ってほしいものです。

二〇〇三年

＊出典：ルソー『エミール』上、今野一雄訳、（岩波文庫、一九六二年）。

# 言葉の威力

日本は古代から「言霊の幸ふ国（ことだまのさきわうくに）」といわれます。口から出した言葉に霊魂が宿るというのです。「勝つ」「〇〇大学に入る」「金持ちになる」「教師になる」と声に出して宣言すれば、それに向かってどのように努力をすればいいか考え始め、行動に移せる可能性が大きいし、周りに話したからには、努力せざるを得ませんよね。

弱小チームの阪神[*]を就任二年目で優勝に導いた星野仙一監督は、以前、一年目の悔し涙を嬉し涙に変えてみせるとファンに約束しました。この声に出したことが二年目の優勝につながったとして「言ってみるもんですね」と優勝インタビューで話していました。勝ちたい、優勝したいと話したから、「仙一を男にしよう」と周りも支援して、いいチームができ上がったのでしょう。みなさんも、希望や夢を声に出して宣言してみてください。

二〇〇五年

＊ 二〇〇三年、十八年ぶりにセ・リーグで優勝。

コブシの実

# みんなちがって、みんないい

## わたしと小鳥とすずと　　金子みすゞ

わたしが両手をひろげても、
お空はちっともとべないが、
とべる小鳥はわたしのように、
地面《じべた》をはやくは走れない。

わたしがからだをゆすっても、
きれいな音はでないけど、
あの鳴るすずはわたしのように
たくさんなうたは知らないよ。

すずと、小鳥と、それからわたし、
みんなちがって、みんないい。

出典：『わたしと小鳥とすずと』（金子みすゞ童謡集）JULA出版局、一九八四年

この詩を読むと心が洗われるとともに、「みんなちがって、みんないい」んだとホッとした安らぎのような感覚にとらわれませんか。

みなさんは、小学校・中学校と競争社会の中で生きてきました。そして、他の人と比較されながら「そんなことをしていたらみんなに遅れをとるよ」といわれ続け、何か欠点ばかり指摘されていたような気がしませんか。

そして、「俺って、この程度」「どうせ、やったってできるわけがない」などと自分で自分にレッテルを貼り、行動する前に思考停止に陥ってしまうことがありませんか。私は、このような人を「夢をかなえられない思考回路の人」だと思っています。たった一度の君だけの人生を、こんなふうにマイナス思考だけでは生きたくないですね。

本当に使える能力をまず一つ、自分の中に落とし込む努力をしてください。中学生の人は高校で、高校生の人は成人になるまでのあと数年で……。料理・服装・ゲーム・サッカーの技術・簿記・法律・デザイン・音楽・鉄道・漢字・日本史・数学・英語・中国語・声優・将棋などなど、いくらでも君たちの周りには将来働く時の武器になるものが満ちあふれています。その能力を一つ獲得できれば「自分力」になります。

他人よりも「突き抜けるもの（自分力）」を探し獲得してください。そして「みんなちがって、みんないい」、これこそが、自分らしく生きる最高の武器になると思います。

二〇〇七年

ホタルブクロ

## 脳の活性化をはかる

「朝ごはんをしっかり食べる子ども、排便をしっかり済ませてくる子どもほど勉強ができる」という話を聞いたことがありますか。文部科学省も「早寝早起き朝ごはん」という標語をつくりキャンペーンをしている程ですから、しっかりとした根拠があるはずです。

そんなことを考えながら、医者や栄養士、さらに研究者たちがいう「朝食の科学的な意義」をいろいろ拾い読みしていたら、これは、大変重要な問題だぞという思いになってきました。特に脳の活性化には、朝食は欠かせないというのですから……。

脳は、ブドウ糖しか消費できません。そして、大量のブドウ糖を摂取してエネルギーに変えています。夕食を八時に食べ、十二時間たった翌朝には、体内のブドウ糖はほとんど空っぽになっています。脳は、栄養が補給できず、飢餓状態になっているわけです。

朝食をとらないで登校すると、体温は上がらず、集中力や記憶力が減退し、意欲、気力もなくなり、貧血気味になり、疲れやすく、眠くなりやすいというのですから、授業中つい眠気に誘われることも多くなるでしょう。これでは、勉強どころではありません。さあ、みなさん明日からしっかりと朝食を食べて登校してください。

さらに、最近は夜更かし家族が多くなりました。確かに、テレビ、インターネット、ゲームなど、我々を誘惑するものが身の回りに氾濫《はんらん》しています。しかし、君たちの将来のために、規則正しい生活習慣を取りもどしておいてほしいものです。

二〇〇八年

## コップ半分の飲み物

新年度の時「今年はやるぞ」とみんな決意していましたね。あの感情は、今でも生き生きと燃えていますか。継続しつつ、かつやる気を発生させ続けるためには、常に火種を絶やさないように、新しいマキをくべ続ける必要があります。大きな夢や希望だけでは、なかなか継続できないものです。

マキをくべ続けるためには、「大きな夢」をまず目に見えるように「小さな目標に刻み直す」ことが大切となります。例えば、「弁護士になって弱い人の味方になる」という夢を実現させるために、今年一年間→一学期→来週の中間テストまでに→今週→今日→今、何をやるのかを考え、そして一番身近なできることから行動に移していくのが、夢を手に入れる一番の近道だと私は考えています。

さらに、継続させるためにはポジティブ・シンキングの癖をつけてください。コップにジュースが半分ある場合に「もう半分しかない」ではなく「まだ半分もある」と考える発想方法です。人間は弱い動物ですから、できないとわかっていることには努力しません。若いみなさんには「ない（否定）」ではなく「ある（肯定）」の考え方をいつもしてほしいと願っています。

二〇〇七年

クリスマスローズ

# 察知力

「どうして、こんなに勉強しなければいけないのだろう」「僕の生きている意味がわからない」「親のことが嫌でたまらない」「将来、しっかり生きていけるのか不安だ」などと悩んでいる人もいるかと思います。私も高校時代にいろいろ悩み、何とかして田舎から脱出したいと考えていたことを思い出します。

中村俊輔氏の『察知力』（幻冬舎新書、二〇〇八年）を読んでいたら、我々凡人と同じように悩み、いらついたり、ふてくされた中学時代の経験を語っていて妙に親近感を覚えました。サッカー天才少年の彼はクラブチームに加入していましたが、中三の時、試合のメンバーから外されイラだちます。ユースチームへも上がれず、そこでやっと外された理由に気がつきます。「個人技ばかりで、チームのサッカーを考えていなかった」のです。それから、自分がどういうプレーをすべきか、何が必要とされているかを察知する力が必要だと考えるようになりました。状況を察知して準備をする。そして、正確なパスやフリーキックなどを猛特訓して、あの妙技が世界に通用するようになったのです。

彼はいいます。「ちょっと遠回りすることになっても、目標を忘れなければ、いつかそこへたどり着ける」「悩む作業が自分を伸ばす」「苦しいときこそ、やらなくちゃいけない」「厳しい現実のなかで、自分を知り、懸命に生きることが大事」。どの言葉も素敵ですね。そして、「線も細いし、身長が高いわけでもない。それでもヨーロッパで身体能力を武器にした選手と戦えるのは、『考えているから』だと思う」とも語っています。みなさんも大いに悩み、そして考えて生きていってください。

二〇〇八年

# 第5の男

今年も「自分力」（五十～五十二頁参照）を発揮して社会で活躍する多くの本校出身者からの年賀状が届きました。その中に「黒あめ」の衣装をつけた高木ブー氏（ザ・ドリフターズ）の写真が目を引きました。京北で学んだ彼が、昨年（二〇〇七年）十一月に後輩や保護者に対しウクレレの演奏とともに熱いメッセージをくれたことが印象に残っていたからです。

彼は昨年「ウクレレが弾けたことと当時から太り気味の体型が、高木ブーという位置を与えてくれた」といっていました。そして、朝日新聞社刊『第5の男』（二〇〇三年）では「僕は特別何かに長けた人物だったわけではない。食うに困るほど貧乏で苦労したといったエピソードがあるわけでもない。できもしないことを無理にやろうと努力したこともあまりない。でも、多くの人が、実は僕と同じなんじゃないだろうか。（改行）特別な才能を持つスターの陰には多くの『普通の人』がいる。逆に言えば、そういったどこにでもいる普通の人たちがいなければ、特別な人も輝くことはできないと思う。ドリフターズという集団の中での僕の役割は、まさにそこにあった」と書いていいます。私は、高木ブー氏の生き方に共感を覚えます。みなさんも「ありのままの自分」を武器にして、人生を一歩一歩着実に歩いていってください。

二〇〇八年

モミジガサ

## 「大魔神」からの転身

今から四十年程前、大映系で「大魔神」[*1]シリーズの映画が公開され、大ブームになりました。戦国時代、悪政で民衆が虐げられていると、穏やかな表情の石像だった大魔神が怒り、破壊的な力を発揮して戒めるというストーリーです。悪者たちが、大魔神に踏みつけられたり、跳ね飛ばされたりする展開に歓喜した思い出が、ほろ苦く思い出されます。

この作品は旧チェコスロバキア映画『巨人ゴーレム』[*2]をモデルに創作されたといわれます。ゴーレムとは、「泥人形」「胎児」の意味で、つくった主人の命令だけを忠実に実行するロボットのようなもの。

教育界には「ゴーレム効果」という言葉があります。「親や教師が、どうせこの子はこの程度だと考えると子どもは、その程度にしか育たない」「子どもに期待しないと教育効果があがらない」という意味合いで使われています。親の考える通りに子どもは育つというわけです。マイナス思考で子育てをすると恐いことになりそうです。

この逆がアメリカ映画『マイ・フェア・レディ』[*3]の原作名である『ピグマリオン』[*4]という言葉。「ピグマリオン効果」として使われます。「親や教師が子どもたちに期待を持ち、その子の長所を伸ばそうという温かい態度で接していれば、彼らも期待に応えて伸びていく可能性が大きい」という意味です。
さあ今日から、大魔神の怒れる顔より、オードリー・ヘプバーンの笑顔に似せて周りの人たちとも接してみませんか。

二〇〇九年

＊1　『大魔神』安田公義監督、『大魔神怒る』三隅研次監督、『大魔神逆襲』森一生監督、いずれも一九六六年。
＊2　ジュリアン・デュヴィヴィエ監督、一九三六年。
＊3　ジョージ・キューカー監督、オードリー・ヘプバーン主演、一九六四年。
＊4　イギリスで活躍したアイルランド出身の劇作家、ジョージ・バーナード・ショーによる戯曲。初演は一九一三年。一九三八年にはアンソニー・アスクィスとレスリー・ハワードが監督して映画にもなった。

# 今、必要なこと

新しい学年が始まる時、いつも「今年は、やるぞ！」と決意も新たにスタートを切ることと思います。節目に決意するのは大切なことです。しかし、今までと何が違ってくるのでしょう。学校に通い、数学や英語、国語などの授業を受け、放課後は部活で辛い練習もするのです。

だから一番必要なことは、「やるぞ！」という決意よりも「何をしなければならないか」「何を一番やりたいか」を考えてスタートすることです。「苦難に負けず、がんばるぞ！」と決意するだけでは、とても学校へ通う楽しみや喜びにつながりません。学校生活をさらに楽しく、希望に満ちたものにするため、次の三点を今一度点検して新学年を始めたらどうでしょうか。

1　学校・家庭に「自分をわかってくれている人、応援してくれている人」がいますか？

2　自分が取り組む興味のある「こと」や「もの」がありますか？

3　学ぶ手続き（学習方法）、がんばる方向（目標）が見えていますか？

人間とは、弱い生き物です。意識でいくら考えていても実行できるものではありません。どうか実行するために、努力を怠らないでください。「苦労をせずに得られる宝物はない」のです。みなさんの学校生活が意義深いものになるよう応援しています。

二〇〇八年

ユリノキ

# 楽せぬ楽

私が子どもだった頃、富山の薬売りがくるのが楽しみでした。一年に一度、家にある常備薬を点検し、補充してくれるのです。祖母たちと世間話をしている優しい声の薬売りの姿と、薬の宣伝が書いてあるきれいな色の「紙風船」で遊んだ思い出が色鮮やかによみがえってきます。

そんな富山の薬売りの「七楽《ななら く》の教え」というものを最近知って、彼たちの苦労に思いを馳せました。その歌は、

楽すれば
楽が邪魔して
楽ならず
楽せぬ楽が
はるか楽楽

というもので、「楽」の字が七つ入っています。家族とも離れ、薬箱を背負ってこの一節を口ずさみながら、歯を食いしばり、各地を回っていたのでしょうか。

働くということは、富山の薬売りに限らず、常に苦労が伴うものです。遠藤周作という作家は、「小説を書くのは苦楽《くるたの》しい」と表現しています。「苦しい」からやり遂げたときに「楽しい」

のだというのです。どんな仕事も楽なものはないのです。

ところが最近、勤めてすぐに離職する若者が多いことが話題になっています。「思っていたのと違う」「楽しくない」「何をしていいのかわからない」「叱られた」などといい、フリーターなどの気軽な仕事に移ったり、中には働くことをやめてニートになる若者もどんどん出ているようです。困ったことです。

働くということは、遊園地にいったりゲームなどをしたりするのとは違い、厳しいものなのです。みなさんも将来、人を愛し、家族のために働くことになるでしょう。そんな時、一生懸命、仕事に立ち向かえる力を今の内に蓄えておいてください。それは、お父さんもお母さんも経験してきた道です。みなさんの目標は、まずはお父さんお母さんのように、「人を愛し」「社会の中で働く」ことです。

「親との会話が多い子どものほうが、勉強することにさまざまな理由や目的を見いだしている」という調査結果[*]もあります。卒業・進級のこの節目、お父さんやお母さんなどと、学ぶことや働くことの「苦しさ」「楽しみ」について話し合ってみてはいかがでしょうか。きっと君の生きていく指標が見えてくると思いますよ。

二〇〇九年

＊ Benesse 教育研究開発センター「第1回子ども生活実態基本調査」二〇〇四年。

# 蜜蜂の教訓

蜜蜂は、どうして蜂蜜をせっせと集めるのでしょうか？　みなさんは、どう思いますか。ある本に次のような話が載っていました。厳しい冬があるヨーロッパに住んでいる人が、オーストラリアに移住し、一年中花のある景色を見て、養蜂業をすればたくさんの蜂蜜がとれると考え、優秀な蜜蜂を輸入して商売を始めました。一年目は大成功したのですが、二年目以降、収穫量が減り続け、この商売は失敗に終わった、ということです。[*]

みなさんは、ここでわかりましたか。そうなんです、蜜蜂は厳しい冬に備えて、蜂蜜をせっせと集めていたんですね。君たちも今が青春、春の真っ最中。楽しく遊んで暮らせばいいのに、厳しい学問、運動をするんですね。これは、蜜蜂の教訓によれば、将来、冬の時代のような厳しい社会で生きていくための資源を蓄えるためだったんですね。どうか、怠けずに勉学にクラブ活動に汗を流してください。

二〇一〇年

＊　外山滋比古『ちょっとした勉強のコツ』（みくに出版、二〇〇〇年）。

ラミウム

# 変化の時がチャンス

寒くなってきましたが、みなさんお元気でしょうか。もう少しで、二〇一〇年になります。新たなる学年に進級、あるいは、新しい学校に進学するための準備の時期に入ります。このようなチェンジする時こそ、大きく飛躍するチャンスです。是非、自分の今までの行動や結果を見つめ直して、新たなる出発に備えてください。

しかし、今までに何度も「チェンジ」の機会があったのに、「チャンス」に結びつかず、ずるずると時を過ごした人もいることでしょう。あのアメリカの第四十四代大統領オバマ氏は「CHANGE」という言葉で選挙を戦いました。その時「CHANGE」から「T」をとらないと（「**G**」の「**T**」の形の部分をとって「**C**」にする）、「CHANCE」にはならないといいました。「T」とは、「TABOO（タブー）」の「T」であるといったのです。

国家と違って学校や学習に置き換えたら、どんな意味になるでしょうか。今まで何度も変化はあったのに、チャンスをつかめなかった人は、間違った「思い込み」や「決めつけ」「ミスラベリング」などにとらわれ、身動きがとれないのかもしれません。

時々「どうせ、私がやったって」とか「僕には無理ですよ」「自分にできるわけがない」「いつも失敗する」などという生徒に出会うことがあります。このように初めから「できない」と思いこんでいるとしたら、動けるわけはないですよね。もったいない話です。「チャレンジするからできるのではない。できると思うからチャレンジするのである」と私は思います。是非、みなさんは自分のやろうとしていることに対し、「できる」と思って、積極的にチャレンジし続けてください。

二〇〇九年

# 自由とは何か

山崎直子[*]さんが宇宙から帰還されました。家族の「愛」に支えられ、この偉業を達成されたことがテレビで放映されていました。

さて、このように日本人宇宙飛行士が何人も出る時代になりました。宇宙旅行者もいるそうです。「人類は宇宙にいく自由を手に入れた」といわれることがありますが、この「自由」とは何だと思いますか。何をしても自由だといって、宇宙に飛び出せば、それは無謀ですよね。宇宙へいって帰ってこられるという科学的な保証があってこそ、宇宙にいける「自由」が手に入ったのです。

では、みなさんが将来、「自由」を手に入れるためには、何が必要だと思いますか。私は、知識、知恵、そして「生きていける」という自分力の獲得と「愛」の体験があって初めて「自由」を自分のものにできると考えています。自分力、愛のないままに「自由」を求めれば、身の破滅にいたることもあるんじゃないでしょうか。

二〇一〇年

＊ 日本人として二人目の女性宇宙飛行士。二〇一〇年四月五日から二十日(日本時間)、スペースシャトル「ディスカバリー号」に搭乗。

キクイモ

# 自分と未来は変えられる

この世の中は、自分の思い通りにいかないことで満ちあふれています。「社会が悪いから、自分のやりたいことができない！」「どうして、あの人は、わかってくれないの？」「私のことをもっと高く評価して」などと周りに愚痴の一つもいいたいところです。

しかし、「過去と他人は、変えられない。未来と自分は変えられる」という言葉がある通り、「変えられないもの」に腹を立てていても意味はなさそうです。自分の人生、有意義に過ごすための方法を考えたいものです。

人生七変化

自分が変われば、相手が変わる。
相手が変われば、心が変わる。
心が変われば、態度が変わる。
態度が変われば、行動が変わる。
行動が変われば、習慣が変わる。

（作者未詳）

習慣が変われば、人格が変わる。
人格が変われば、運命が変わる。
運命が変われば、人生が変わる。

「人生七変化」という人生訓があります。作者未詳ですが、素敵な言葉が並んでいます。よく目にするのは「心が変われば、……」以降ですが、私が覚えているものは、前の「自分が変われば、……」「相手が変われば、……」の二行もあったような気がします。そうであるなら、私たちのやるべきことは、ハッキリと見えてきます。

何よりも「自分が変わる」ということが出発点になるのです。そのためには、今の自分をしっかりと振り返っておくことが大切です。

基礎基本の学習は身についているか。家族や友達への心遣いはできているか。気持ちよく挨拶をしているか。他人を傷つける行動をしていないか。など、各自が大切だと思うことをまず振り返っておきたいところです。実際社会に出て、チャンスをつかむ力がある人は、自分のことをわかっている人だといいます。さあ、新しい出発の時がきました。しっかりと自分のことを理解し、素晴らしい人生を歩んでいってください。

二〇一〇年

## 「考える」癖

今日は実力テストですね。普段の学習が身についているかどうかを点検するための試験ですから、今ごろじたばたしてもムダですよ。ありのままの自分の力で受けてください。

しかし、その後の心構えで、実力が伸びる人と伸びない人の差が出ます。試験が終わった後、良くできた人は、今までの努力の何が良かったのかを考え、今後も良いところは継続し、さらに足りないところを足していってください。試験がうまくいかなかった人は、なぜ点数が悪いのかを考えてください。そして日常の学習での弱いところを反省し、今後はどのような努力をすれば良いか確認し実行してください。もう高校二年生、受験に向けて学力をつけていくためには、いつも考えるという姿勢が必要です。

二〇一〇年

マーガレット

## 「子育ては素晴らしい」という話

子育ての極意は、

三歳までは、肌を離さない。

七歳までは、手を離さない。

十三歳までは、目を離さない。

十九歳までは、心を離さない。

です。これをキーワードでいえば、愛着↓躾け↓社会性↓信頼というように続くのだろうと思います。君たちも近いうちに恋人ができて、結婚し、そして人の親になることでしょう。

先日、久しぶりにわが子とその嫁たちと旅をしました。そして、子育ての頃を思い出していました（ほとんど妻がしたのですが……）。振り返ってみれば、生まれて泣いたり叫んだりして意思を伝える叫喚期から、「アーアー」「ウーウー」と声を出す喃語《なんご》期へと成長していった頃は無性に可愛かったですね。一歳頃からは「まねぶ期」といわれ、身近な人の言葉や動作をまねる行動が始まるとともに「しつけ」ることも重要な課題になってきました。二歳頃から「なになに期」、三歳頃から「なぜなぜ期」に突入し、学ぶことに強い興味を示し出すのですが、親のいうことに逆らったり自我が芽生え始めたりもしました。

そして九歳頃からギャング期（行動を共にする仲間と徒党を組んで、様々なことに挑戦したり、いたずらしたりする時期）、十三歳頃からチャム期（言語を通しての仲良しグループ。わかり合える仲間。仲間はずれも起こる時期）、十五歳頃からピア期（相手との差異も理解でき、その上でつき合うことができるようになる時期）へと入っていきました。私が帰宅するとさっと自分の部屋に入っていくという、一番距離感が難しい時期だったような気がします。

みなさんは、今の時期の親との関係をじっくりと観察して、記憶しておいてください。君たちが親になったとき、その経験は子育ての大きな財産になると思いますよ。

二〇一〇年

# 京北魂

「まいたものしか刈り取ることはできない」というのが農業の鉄則です。井上円了先生が種をまいて、京北学園が発展してきたように、今、学校法人京北学園は学校法人東洋大学と合併するという種をまき、将来に向かってさらに発展しようとしています。君たちは、その第一期生になります。

昨日、校長室に三十五歳の卒業生が訪ねてきました。十七年ぶりです。彼は、高校時代に大きな悪さをして、先生方に迷惑をかけたので顔向けできなかったが、コンサルタントの会社で働き、やっと大きな会社の経営コンサルテーションなども任されるようになった。それで、学校に挨拶にくることができたというのです。私は、これが「京北魂」だと思うのです。私が彼たちに望んだのも君たちに望んでいるのも、色んな失敗や挫折もあるかもしれないけれど、それを乗り越えて「人を愛する人間、社会で堂々と働く人間になってほしい」ということです。やっと、学校に報告できるまでに成長した彼に、心から拍手を贈りたいと思いました。

二〇一〇年

＊ 学校法人京北学園と学校法人東洋大学は二〇一一年四月一日に合併。

アケビ

## 五つの学習の原理

だれもが勉強したい、成績を伸ばしたいと考えているのに、机に向かうと眠くなったり、飽きてしまったりすることもあると思います。どうして「勉強をしたい」と思っているのに、その逆の行動をしてしまうのか考えたことがありますか。

教育学者の辰野千壽《ちとし》氏が『学び方の科学』（図書文化社、二〇〇六年）に書かれていた内容が君たちの参考になると思うので「受験生の学力伸長に欠かせない五つの学習の原理」として、私なりにまとめてみました。その本によると、学習を能率よくするためには原理があるというのです。

それは、

1 自発性の原理……本人がやりたいと心から思い、自らすすんで積極的に学ぶとき、最も能率があがる（内発的動機づけ）。

2 個性の原理……本人の特徴を考え、それに応じた勉強の仕方をするとき、能率があがる。

3 目標明確化の原理……目標が明確になれば、どんな順序で勉強すればよいかも明らかになり、学習意欲が高まる。

4 成功経験の原理……成功経験を重ねる人は、自信（自己効力感）をもち、自分の能力を最大限に発揮できる。今までの成功経験も思い出そう。

5　自己監視・自己評価の原理……自分がどのように学習しているか、どこがよく、どこが悪いか、どんな誤りをしたかなど、自分で調べ、評価し、悪いところは修正していくことが大事。

さあ、自分の人生です。しっかりと受験と向かい合ってください。

二〇一〇年

# ノーベル化学賞

昨日（二〇一〇年十月七日）は、ビッグニュースが飛び込んできました。今年のノーベル化学賞を日本の鈴木章氏（北海道大学名誉教授）と根岸英一氏（米パデュー大学特別教授）が受賞したというニュースです。すごいことです。その情報によると、日本の産業を支えている「カップリング研究」[*1]の成果に対する賞なんですね。もう一人アメリカのリチャード・ヘック氏（米デラウェア大学名誉教授）と三人の受賞対象になった、パラジウムなどを触媒に使った化学反応「クロスカップリング」[*2]は、くっつかないといわれていた二つの有機化合物を自在にくっつける「のり」の役割を果たし、有機合成に新たな時代を築いたというのです。私が服用している高血圧の薬にも使われていることを初めて知りました。液晶テレビなど多くの分野での用途があるのだそうです。さらに、特許を取らず、金儲けに無縁であるということにも感動しました。こつこつ五十年間「カップリング研究」に没頭した成果なのですね。

二〇一〇年

＊1　二つの化学物質を結合させる化学反応のこと。
＊2　構造の異なる二つのものを結合させる化学反応のこと。

センニチコボウ

## しずかちゃんに学ぶ

自己表現には大きく分けて以下三つのタイプがあるようです。あなたは、どのタイプだと思いますか。

1　のび太君型……引っ込み思案、卑屈、服従的、自己否定的
2　ジャイアン型……強がり、尊大、支配的、他者否定的
3　しずかちゃん型……正直、率直、歩み寄り、自他尊重

のび太君型は、相手（他者）を大切にして、自分を犠牲にするタイプです。ジャイアン型は、その逆で自分のことばかり主張して、相手の話を聞かないタイプ。この二人に比べ、しずかちゃんは、相手のことも尊重して、自分のことも大切にすることができる人物です。みんなに好かれるのはあたりまえですね。

例えば、次のような場面があった時、あなたならどのように答えますか。

今日は、家でゆっくりしていようと思っていたところ、ジャイアンから次のようなことをいわれました。

「今から、いつもの空き地で、俺の歌のリサイタルをするから、すぐにこいよな！」

あなたはどう答えますか。

のび太君なら「(あんな下手な歌聞きたくないなー)う〜ん」「なに、こないのかよ。殴るぞ」「うん、いくよ」となるでしょうか。ジャイアンにジャイアンで答えれば、「お前の下手な歌なんか聞けるかよ」となり、きっとケンカに発展する可能性大です。しずかちゃんなら、「あら、たけしくん誘ってくれてありがとう。でも、私これからピアノのレッスンがあるの、また誘ってね」となり、ジャイアンも機嫌よく帰れるのです。

しずかちゃんの自己表現を是非学びたいものです。

二〇一〇年

# 奇跡の生還?

今週（二〇一〇年十月十四日）のトップニュースは「チリ落盤事故の三十三人奇跡の生還」ですね。しかし、これは奇跡ではなく、素晴らしいリーダーがいたから可能だったようです。その人の名は、ルイス・ウルスアさん（当時五十四歳）。最後のカプセルで上がり、地上では国歌が歌われ、歓声に包まれた光景をニュースで見た人もいるんじゃないでしょうか。ウルスアさんは、最初に地上と連絡を取った人であり、食料を全員で分けるなどチームの指揮を取った人だと報道されていました。また、鉱山内の詳細な地図を作成する時、ウルスアさんの知識が役に立ったのだそうです。

君たちも将来、どのような危機に直面するかわかりません。そんな時、ウルスアさんのように沈着冷静に行動できるといいですね。国際社会でグローバルに活躍するためには、そんな力こそ必要になります。そのためには、様々な知識も必要です。しっかり幅広い知識を身につけて、リーダーシップを取れる人になってください。

二〇一〇年

スプレーギク

# スゴい人！フェスタ

「日刊スゴい人！フェスタ２０１０」が昨日（二〇一〇年十一月十一日）青山学院大学講堂にて千百十一人の参加で盛大に行われ、招待状をいただいたので私もいってきました。六十人のスゴイ人と千人以上のスゴイ人に会いたいと集まった人たちで「日本を元気にしよう」と熱気にあふれた会でした。猫ひろしが走り回ったり、輪島功一にカツを入れられたりと様々なこともありましたが、面白い会でした。

そんな中で「雛形あきこ」や「はるな愛」など女性タレントを育てるプロフェッショナルの野田義治氏（株式会社サンズエンタテインメント会長）と、ハリウッドでキャスティングができる日本唯一の女性 奈良橋陽子氏（『ラストサムライ』『ＳＡＹＵＲＩ』などを手がける）の話は面白かったです。君たちに伝えようとメモをしてきましたので、紹介します。

野田氏は「好きなこと一つをしつこく、ねばっこく、あきらめないで続ければ、何かを得られる」「人を好きになってほしい。人と話すのを好きになってほしい。そんな人には、困難に遭遇したり挫折したとき、だれかがそっと救いの手を差し伸べてくれる」と語りました。

奈良橋氏は「人生は一度、意義あるものをやりたい。常に追い求めている」「人の話を聴くことは芸術である」、そのためには「好きがすべての基本。そしていつでも勉強が大切」「今、生きることの喜びをめちゃくちゃ感じている」、そして「耳を澄ませば、だれにでもきっと目的が見えてくる」「夢中になるものに是非出合ってほしい」と、熱いメッセージを投げかけていました。

また、WOOKiというイケメンのダンス・ボーカルグループの元気が出る歌も素晴らしかったですよ。

二〇一〇年

# 「九十点以上取れ！」といわれたら？

今日の一時間目は「数学」の試験ですか。今、「数学の試験は、九十点以上取れよ！」と私がいったとしたら、君は何と返事しますか。

1　取るぞ。
2　取れるわけないよ。
3　どうしたら、九十点以上取れるのだろう。
4　うるさいよ！

1の人は、問題ないですよね。普段の努力があってこその言葉でしょう。

2の人はいつまでたっても数学が伸びない人のタイプです。

3の「どうしたら…」と考えが始まった人は、そのうち成績がどんどん伸びてくる人です。

4の人は、反抗期ですから、しばらくそっとしておきましょう。

二〇一〇年

ハンゲショウ

# 自己暗示

ある医師より、サイモントン療法について、次のような話を聞きました。

カール・サイモントンというアメリカのガン治療の権威者が、ある時、余命三年を告知した同じ症状の人が、一方で三年に満たないで亡くなり、逆にガンを克服し三年以上長生きする人がいるのは何故か？　と疑問に思い研究をしました。その結果、その人の心の持ち方の違いであると気づいたことから、現場の医療で利用されている療法があります。これをサイモントン療法といいます。ガンを宣告されて、「もう、俺はダメだ。生きていても仕方がない」と落ち込む人と「俺にはやり残したことがある。まだまだ死ぬわけにはいかない」と前向きに考える人の差が出てくるというのです。

君たちの日常に置き直すと、自己暗示ということと一緒です。夜寝る前に、プラス思考で「ああ、今日も良い一日だったなー。明日も良い日になるだろう」と考えて寝ると良い朝が迎えられるという話です。フランスの医者エミール・クーエの世界共通の暗示文が有名です。

Day by day, in every way, I'm getting better and better.
毎日、あらゆる面で、私はますますよくなってゆく

出典：C・H・ブルックス、エミール・クーエ『自己暗示』河野徹訳（法政大学出版局、一九六六年）

とベッドに入って寝る前に唱えるというのです。ジョン・レノンが息子のためにつくった子守歌『ビューティフル・ボーイ』の歌詞の中に使われて有名になりました。

君たちも今日から寝る前に暗示文を唱えて寝てみてください。きっと人生が明るく楽しくなると思いますよ。

二〇一一年

# プレイフル・シンキング

ある人から『プレイフル・シンキング』（上田信行、宣伝会議、二〇〇九年）という本をいただきました。読んでみて感動しました。プレイフルとは、「物事に対してワクワクドキドキする心の状態」のことで、これをつくり出せば、勉強でも仕事でも成功に近づくというのです。ノーベル賞を受賞した人もきっと自分の興味のあることにワクワクドキドキして、夢中になって研究を楽しく続けたんですね。

目次を見ると「見方を変えれば気持ちも変わる」「目標をデザインしよう」「もっと他力を頼りなさい」など、どの章も魅力的でした。是非みなさんも「プレイフル・シンキング」の発想で毎日を楽しく生きてみましょう。

二〇一〇年

ツバキ（光源氏）

## 輝ける未来に向かって

今、ブレイクしている『もしドラ』の女子マネージャーが読んだ、ピーター・ドラッカーの経営書『マネジメント【エッセンシャル版】――基本と原則』（上田惇生編訳、ダイヤモンド社、二〇〇一年）に、

「目標は、実行に移さなければ目標ではない。夢に過ぎない」
「未来は、望むだけでは起こらない」
「不確実な明日のために今日何をなすべきか」

という言葉を見つけました。「夢」「目標」を持って未来に羽ばたいてほしいと常に話してきた私は、君たちに、是非伝えたい言葉だと思いました。

『もしドラ』をすでに読みましたか。二百七十万部以上売れているそうです（電子版を含む。二〇一一年八月現在）。著者は、「ＡＫＢ48」の立ち上げから秋元康氏のＡＰ（アシスタントプロデューサー）として活躍された岩崎夏海氏です。岩崎氏によると、「ＡＫＢ48」のメンバーの峯岸みなみ、渡辺麻友、大島優子をモデルにしているそうですから、話題になり売れるのも当然ですね。正式な書名は『もし高校野球の女子マネージャーがドラッカーの『マネジメント』を読んだら』（ダイヤモンド社、二〇〇九年）です。

ストーリーは、都立高校野球部のマネージャーみなみが、ドラッカーの経営書『マネジメント』に出合い、野球部を強くするのにこの本が役立つと考え、親友の夕紀、そして野球部の仲間たちとドラッカーの教えを実践し、力を合わせて甲子園を目指すという青春ドラマ仕立てですが、会社、学校、地域活動など人が集まるすべての組織で役立つ内容になっています。さすが、「AKB48」を世に送り出した岩崎氏だと感心させられる演出です。

ピーター・ドラッカーは、一九〇九年オーストリア生まれです。二〇〇五年に亡くなったのですが、組織運営に欠かせない著述が多く、それらは現在でも企業経営者や組織を運営する人たちのバイブルになっているようです。

市場原理主義、格差社会、日本経済の疲弊、就職難など多難な時代だからこそ、ドラッカーの言葉が胸に響きます。どうか前向きに堂々と生きていってください。

二〇一一年

# 二十四節気

今日は立春、昨日は節分でした。恵方巻を食べましたか。恵方というのは、年神様がいる方角のことです。陰暦では、昨日が大晦日、一年の悪いことをすべて洗い流すために「鬼は外」と豆まきをします。そして今日からが春です。初春です。

気象予報などでアナウンサーが「今日は春分です」「今日は啓蟄《けいちつ》、冬ごもりしていた虫が土の中から出てきます」などというのを聞いたことがあるでしょう。「春分」「啓蟄」は二十四節気のことです。太陽の黄道を通る位置で一年を二十四に分けた呼び名なのです。だから、気温や天気については、非常に正確な情報になります。今日は立春ですから、温かいでしょう。

これから三寒四温が繰り返され、本格的な春になっていくのですね。二十四節気は、小寒→大寒→立春→雨水→啓蟄→春分→清明→穀雨→立夏→小満→芒種→夏至→小暑→大暑→立秋→処暑→白露→秋分→寒露→霜降→立冬→小雪→大雪→冬至、と続きます。暦に合わせて確認してみてください。また、東京メトロの千代田線新御茶ノ水駅のホームの壁に「二十四節気」のレリーフが描かれていますので、千代田線に乗る機会があれば、注意して見てください。こんな知識も、大人になるためには必要なことだと思います。

二〇一一年

シクラメン

## 惻隠《そくいん》の心《こころ》は仁《じん》の端《たん》なり

東日本大震災は、未曾有《みぞう》の大災害になりました。被災された方々にお見舞い申し上げると共に、亡くなられた多くの尊い御霊に哀悼の意を表したいと思います。

毎日、テレビの悲惨な映像を見ながら、中学生や高校生が笑顔でボランティアに参加している姿に救われることがしばしばありました。やはり子どもたちは、元気で素晴らしいと思っていました。しかし、ある友人から「昼は明るく振る舞っている彼らも、夜泣いている。ふとんの中から、嗚咽《おえつ》する声が聞こえることもある」という話を聞きました。

何と軽薄な考えをしていたのだろうと私は恥ずかしくなりました。あれだけの体験をしたのです。心に大きな衝撃を受けないわけはありません。全国の小・中・高生もそうでしょう。メディアを通して、あれだけ凄惨な情報を毎日見ているのですから……。

「がんばろう東北!」「がんばろう日本!」というかけ声が、全国にこだましています。今、本当に日本中がんばらないといけないことは、よくわかります。しかし、行動理論で「がんばるからできるのではない。できると思うからがんばるのである」という言葉を頼りに考えるなら、今大人の我々がやらなくてはいけないことは、将来を担う子どもたちに「必ず、できる」「君たちには、できる」という具体的なものを指し示していくことだと思うのです。

科学が進歩し、大きな不自由もなくなり、便利な世の中で我々は慢心していた気がします。しかし、三月十一日にその価値観は大きく揺さぶられました。そして、信じられるものとして「親子の絆」「家族でいる幸せ」「仲間の暖かさ」「地域の連携」「全国、世界の人々の応援、支援のありがたさ」など、人間関係という根本の大切さの発見であった気がします。

日本は、必ず復興するでしょう。日本人の「助け合いの精神」「人の不幸を放っておけない心」「人の為に何か役に立ちたいという思い」は、今回の大震災で健在であることが証明されたのですから。性善説を説いた孟子は、心の作用には四つの要因があり、だれにでも備わっているものだといいました。「四端《したん》」といわれています。

1　惻隠の心……人に対する同情の心
2　羞悪《しゅうお》の心……恥ずかしいと思う気持ち
3　辞譲《じじょう》の心……遠慮する心
4　是非《ぜひ》の心……良否を判断する心

この四つの心を持っている限り、日本は必ず復興すると思うのです。

二〇一一年

# 偶キャリ

みなさんは、「偶キャリ」という言葉を知っていますか。キャリア（職業に就く）ということは、初めから決まっているものではなく、偶然に左右されることが多いということです。就職して働いている人の多くは、何かの偶然で今の仕事をしている場合が多いのではないでしょうか。

そういう私も、校長になろうと考えて教師になったわけではありません。大学院で「宗教学」「神話」を学んでいたとき、どうしてもフランス語が必要なのに語学力がなかったので、指導教官から近くの学校（京北）で教えながらアテネ・フランセへ通い勉強してきなさい、といわれたことで、この学校に長く勤めることになったのです。だから、フランス語ができなかった偶然で勤めることになったといえます。君たちも今から「何になる」という目標を立てても、将来その仕事に就けるとは限りません。

今は、基礎基本の勉強をしっかりして、多くの体験や多様な経験を多く積み重ねることこそ大切だと思います。そして、将来、目の前に偶然「いい話」がきたとき、しっかりとゲットできる力量を身につけておいてほしいと強く思っています。

二〇一一年

クワイ

# 男は三十にして立つ

私には二人の息子がいます。二人とも申し合わせたように二十九歳で就職し、三十歳で結婚しました。妻からは、「いつもあなたが三十歳ぐらいで落ち着けばいい、なんてことを話していたから、こんなにのんびりしていたのだ」と非難されています。

そういえば、「独り立ちを急ぐ必要はない。いろんな経験をすることが大切だ」ということをあちこちで話している気がします。先日も、教え子の結婚式に招かれ、そのことに気づきました。彼は、表参道に大きな飲食店を持つ起業家で、その店はＯＬたちに人気で大繁盛しています。中学・高校時代は、硬式テニス部に所属していた彼は、大学に進んでボクシングを始め、プロボクサーになりました。私も彼の試合を何度も見たのですが、打ち合って目が腫れ、鼻血を出し、倒れる姿にハラハラしたことを覚えています。その後、プロボクサーをやめ、レストランに勤め、二、三店で店長を務めた後、「先生、今度表参道に店を出します。これが、店の設計図です。僕も三十歳になるので、そろそろ独り立ちをするためにがんばります」といったのを昨日のことのように思い出し、主賓スピーチをしました。

だれにとってもたった一度の大切な人生。自分の選んだ仕事に納得して生きていきたいものです。そのためには、急ぐ必要はないと思うのです。三十になったとき、自分に合った仕事に出合い、人を愛することができていれば、素晴らしいと思いませんか。それまでは、成長するために自分自身を磨き、様々な経験をしてください。

二〇一一年

# ゆでガエル理論

熱いお湯にカエルを放り込むと驚いて飛び跳ね、ゆでられることはない。ところが、常温の水にカエルを入れ、徐々に熱していくと温度に慣れ、熱湯になったときは飛び跳ねることもできないで、ゆでガエルになってしまうという寓話があります。

みなさんも今までの雰囲気に慣れて、何となく日々を過ごしている人はいませんか。そして、将来のために何かやろうと気づいたときは、もう手遅れになっているとしたら、馬鹿らしいではないですか。

高校二年生の後半のスタートです。自分の進路を真剣に考える時がきました。熱い湯に触れて、飛び上がってほしいと思います。大学受験も就職するのも真剣に熱くなって取り組まないと達成できません。クラスのみんなが、ぬるま湯に入っているみたいにボンヤリしていると周りもそれでいいのだと考えて何となく時間が過ぎていきます。たった一度の高校二年生です。クラスみんなで、緊張感を持って未来に向かって努力していってください。

二〇一一年

ヒアシンス

# ユース・ベンチャー

昨日（二〇一一年十月二日）は、政策研究大学院大学で行われたアショカ財団の「ユース・ベンチャー」プレゼンテーションに参加しました。この会は、十二歳から二十歳の若者が「社会のために私はこんなことをしたい」ということを企画して発表し、その企画がパネリストから認められれば、活動するための資金の一部が援助されるというものです。

多くの若者が自分の企画を熱く語っていました。君たちにも社会のためになることや地域のために何かやりたいと思うことがあるでしょう。それを実現するためには、行動することが必要です。その行動を支援するというアショカ財団の取り組みに感銘を受けました。

その会は、若い人たちが多く、熱気を帯びていました。主催者から、年配の私にも今までの「生き様」を若者に向かって語ってほしいとマイクを振られました。

「教師になって四十年近くになりましたが、いつも理想を求めて、もがいていた気がします。二十代では、生徒指導部に所属し子どもたちと一緒に悩んでいました。三十代は、教科に没頭し、少しでもいい授業をしようとがむしゃらに研究をしていた時期です。そして、四十代になり迷いが生じ、今のままではいけない、子どもたちと真剣に向き合い支援できる力をつけようと、大学に通いながら心理学の勉強に取り組みました。そして、その後、学校で管理職になり、学校改革を行い、六十歳を超えた今は、学校づくり。子どもたちを本当に支援できる教員育成をしていきたいと燃えています」というようなことを話しました。

君たちも、自分のやりたいことに積極的にチャレンジして、自分の人生を力強く生きていってください。

二〇一一年

# 雑草魂

東洋大学が出雲駅伝で優勝しました。エリートを集めた早稲田や駒澤を抑えての優勝、新年の箱根駅伝*に夢は広がります。キャプテン柏原君は、以前こんなことを話していました。東洋大学のチームは、雑草の集まりである。エリートなら、それだけで話題になるが、雑草チームは、勝って初めて注目される。だから勝たなければならない、というような主旨でした。そうなんですね。私たちも東洋大学の「雑草魂」で挑戦したいものです。

出雲駅伝と同じ日の十月十日、NHKのテレビ番組『プロフェッショナル――仕事の流儀』でSMAPが取り上げられ、草彅君が「僕はたいしたことはない。それぞれのプロはすごい。だから、自分は一生懸命やっていることを見てもらうしかない」と話していたのと柏原君の言葉が重なりました。確かにダンサー、モデル等というその道のプロと比べれば、SMAPのスキルは劣るでしょう。しかし、一生懸命やっている人間性に人々は共感し魅せられるのです。また、中居君は「成功は保証されていないけど、成長は保証されている」と話していました。どの分野でも芽が出た人々は、素晴らしい人生訓を持っているのだなーと感心させられました。

二〇一一年

＊ 二〇一二年の第八十八回大会で、東洋大学は大会新記録で二年振り三度目の総合優勝を果たした。

アメリカフウロ

# 「美しき日本語」と京北

本校の校庭の片隅に『浜辺の歌』の歌碑がある。

あしたはまべを　さまよへば
むかしのことぞ　しのばるる
かぜのおとよ　くものさまよ
よするなみも　かひのいろも

哲学館（現・東洋大学）で国漢を学び、京北で国語を教えた林古渓《こけい》の作詞である。私が京北に赴任することになったとき、万葉学者である大学の指導教授から「子どもたちに、しっかり美しい日本語を伝えなさい。林古渓のように……」とはなむけの言葉をいただいたが、そのことの重大さに最近やっと気づきだした。

この碑は、国語の教え子たちが古渓先生の遺徳を偲《しの》んで建立したものである。その教え子の一人、岩淵悦太郎は、戦後の混乱期から現代にいたる日本の国語教育、漢字教育の舵取りをしてきた国立国語研究所の第二代所長として活躍した。彼は「私は、実業時代に、林先生から短歌の手ほどきを受けた。——（中略）——中学校三年のころ、徒然草を先生から習った。また、四年の時、私たち数人は、先生の自宅で万葉集を講義していただいた。私の、古典への親しみを育てて下さったのは先生だったのである」（『日本教育新聞』一九七六年六月十日「わが師わが母校59」）と述懐しているが、その影響力の大きさが推し量られる。彼の著作は多いが『現代日本語』（筑摩書房）、『国語の心』（毎日新聞社）など、「美しい日本語」を扱ったものが多い。

林古渓は、江戸時代の林羅山《らざん》に連なる学者の家系である。そして、彼の長男林大《おおき》が岩淵悦太郎の後に国立国語研究所第三代所長となる。何か強い縁を感じる。林大は、現在の国語教育の漢字教育やかな遣いの基礎をつくった人物であり、橋本進吉（学校で習う「橋本文法」の創始者）の弟子でもある。

この橋本進吉の後を継ぎ、東大、いや日本の国語学を牽引《けんいん》したのが、京北中学を一九三四年に卒業した松村明である。彼は、三十年以上の時間をかけ『大辞林』（三省堂）、『大辞泉』（小学館）という究極の国語辞書をつくった。両辞書が完成した後の一九九九年、私は東松山にある先生の自宅を訪問し、親しくお話を伺うチャンスに恵まれた。学校文法について「東大の国語学の教官に何となく僕がなった。勿論その時はもう橋本先生の後に時枝《ときえだ》（誠記《もとき》）先生で。僕は、時枝文法は違う、って先生にしょうっちゅう言ってたんですがね。でも、時枝先生が去られて、先生の後を継ぐことになっちゃったんです。橋本先生の後を時枝先生が十四、五年やって、その後を僕が継いだんです。橋本文法は学校文法にもなって、僕は別に何も新しいことはやっていないんですよ」と話は延々と続いた。そして最後に、京北生にメッセージをください とお願いすると「メッセージなんてむなしい。今の若い人は若い人のペースで、自分のやるべきことを自分でしっかり見つめてね、やればと。いろいろな道でね」（松村明談話、一九九九年四月二十日）と話された。

このように、京北からは「美しい日本語」を自然体で守る偉人たちが育っている。京北草創期の俳人飯田蛇笏《だこつ》以来、受け継がれてきた京北の伝統なのであろう。蛇笏の代表的な句を二つ。

　*くろがねの秋の風鈴鳴りにけり

　*をりとりてはらりとおもきすすきかな

この格調高く、五感を大切にした句には、他の追随を許さない香がある。

この京北の伝統を今後も噛みしめて教育にあたりたいものである。

二〇一一年

＊出典：角川源義・福田甲子雄『飯田蛇笏』（新訂俳句シリーズ・人と作品10）桜楓社、一九八八年。

このエッセイは、『京北学園百十二年の記憶——記念誌』（京北学園父母の会、二〇一一年）に掲載された、「『美しき日本語』と京北」に加筆・修正したものです。

チューリップ

## 「関係志向」の大切さ

みなさんは、どんな時に「がんばろう!」「勉強しよう!」と思いますか。初めは、勉強するとお母さんが喜んでくれたからやったという人、逆にやらないとお母さんが怒るからという人もいるかもしれません。勉強を自主的に始めた動機は人それぞれですね。

そのような中で、小学校高学年になる頃にクラスの仲間や友達との関係志向*で、「やろう」と思う人や「やらなくても大丈夫だ」と安心してしまう場合もあったのではないでしょうか。例えば、クラスのみんなが宿題をやってくる環境にいた人は、宿題は忘れてはならないと自然に思うようになるでしょう。逆に宿題を忘れる人が多いクラスに慣れてしまえば、宿題をやるのが馬鹿らしくなってしまいます。

「友達もクラスの仲間もみんながんばっているから、自分もがんばろう」という雰囲気を是非作りあげてほしいものです。クラブ活動をしている人は、このような思いを日々感じているのではないでしょうか。練習が苦しい、何のために走っているのかわからなくなった。そんな時、「苦しいのは自分だけではない、みんながんばっているから自分もあきらめないでおこう」と考えた経験を多くの人が持っていると思うのです。

クラスでも同じです。授業中に私語をしたり、寝たりしている人がいるとクラス全体の雰囲気が崩れてしまいます。人間の意志は弱いものです。自分はがんばるぞと決意していても、他人の影響を受けてしまいます。もし、「自分が損をするだけで、誰にも迷惑をかけていない」と考えて、授業中に寝ている人がいるなら大きな間違いです。周りに大きな不利益をあたえているのだということを考えられる人間になってください。授業中、みんなが真剣にやっているから、自分も集中して授業に取り組める、そんなクラスをみんなでつくりあげてください。

＊　仲間や友人との関係を優先し、仲間はずれにされたり、嫌われたりするのを極端に恐れる意識。

# 幸せの物質「セロトニン」の話

人間の脳の研究が進んでいろいろなことが、わかってきたようです。その中でも脳の神経伝達物質、ドーパミン（喜び・快楽）やノルアドレナリン（不快感・怒り）のいき過ぎを調整するといわれるセロトニンの話は是非、君たちも知っておいてほしいと思います。

セロトニンは、幸せの物質（幸福感や母性愛の源）といわれており、人々の精神を安定させる物質です。セロトニンが弱ってしまうと、うつ、過食などの摂食障害、いつも不安、ちょっとしたストレスでパニック症状、キレやすい、姿勢が悪い、弱々しい、寝起きが悪い、引きこもりなどの症状が出やすい、といったことが指摘されています。恐いでしょ。

セロトニンが弱ってしまう理由は何でしょうか。脳科学者たちの説明によると、過度のパソコン操作、ゲームのやり過ぎ、あまり外出をしない、夜更かし・朝寝坊の昼夜逆転生活、太陽にあたらない、朝食をとらない、運動不足、などが原因だというのです。みなさん、思いあたることはないですか。

それでは、セロトニンを増やすにはどうしたらいいのでしょう。「早起き、朝ごはんと外に出て軽い体操」といわれています。もう少し、具体的なことを足しておきます。

1　日光を浴びて歩くなど、運動をしよう（ただし、やり過ぎは逆効果）。

2　朝食はよく噛もう（咀嚼運動は、セロトニンの分泌を促す）。
3　休憩時間中はスクワットをするなど、身体を動かそう。
4　友達と話をしたり、大声で歌を歌ったりしよう（気分転換が必要）。
ねっ、簡単なことですね。今日から実行して幸せの物質セロトニンを増やしましょう。

参考図書：有田秀穂『〈うつ・キレる〉を治すトレーニング――脳内セロトニン神経強化法実践10カ条（宝島社、二〇〇四年）・『ココロに効く！キレイになれる！セロトニン脳トレーニング』（MCプレス、二〇〇八年）。

# 君の能力

何かに挑戦しようとする時、「できると思う人は、どのようにすれば成功するだろうかと考える。できないと思う人は、できない理由を考え、言い訳を用意する」といわれます。しかし、同じ考えるなら、成功を目指す思考をしたいものですね。

二〇〇四年十月、マリナーズのイチロー選手が安打記録を達成した後の発言には、さすがと思わせるものがありました。彼の言葉を君たちへのメッセージとして要約すると、〈大きさに対するあこがれや強さに対するあこがれを持ちすぎて、自分の可能性をつぶさないでほしい。自分の持っている能力を活かすことができれば、可能性が広がる〉というのです。われわれ凡人は、優れた人や素敵な人を目標にして、私にはとてもできるわけがないと夢をあきらめることがあるのではないでしょうか。しかし、イチロー選手は、そうじゃないというのです。イチロー選手なら、足が速いこと、肩が強いこと、努力する精神力などが人より優れた能力だったということになるのでしょう。

さあ、君の他人と違った能力は何ですか？　その君の能力を活かして、社会の中で堂々と生きていってください。

＊　「夢をつかむイチロー262のメッセージ」編集委員会『夢をつかむ　イチロー262のメッセージ』（ぴあ、二〇〇五年）を参照。

# あとがき

「日々、新聞や本を読み、テレビをみる。通勤途中で、電車の広告を眺め通りすがりの人々の人間模様にふれる」。私の連れ合いである川合は、そんな毎日の繰り返しの中にも教育のためのヒントを探します。見事に生活のすべてが教育に向いているのです。つきあって、四十年になりますが、その間この姿勢は変わることなく、本書もそんな川合の生活の中から生まれたものです。具体的には、毎年卒業式にむけて父母の会の会報に寄せたものが元になっていますが、役員の方々が代々、川合の文章を大事に保管し整理していてくださったので散逸を免れました。ありがたいことです。

そしてこのたび、晶文社の羽田成子さんの多大なご尽力により、本にすることができました。心よりお礼申し上げます。私のライフワークの植物画も載せることとなりましたが、今年還暦を迎えますので、記念になればとの、川合の心遣いです。思いがけなくも嬉しく、感謝しています。

（芳子）

先日、四十歳を超えた卒業生たちとの同窓会で、「また、先生の奥さんのコロッケ食べたいな」「手巻き寿司だったよ、俺たちは…」「ギョウザだよ」「カレー」など、しばらく妻の料理の話題で盛り上がりました。そういえば、教師になった頃の日曜日は、我が家の玄関は子どもたちの靴であふれかえっていました。子どもたちは、勉強したり、トランプや百人一首で遊んだり、空き地で野球やサッカーをして楽しく一日を過ごしていたことを思い出します。

そんな中で、私もいろんな話を伝えてきたはずです。しかし、私の話より妻の料理の方が、子どもたちには強く印象に残っていたようです。教師である私は、性懲りもなくまた「言葉」で、君たちにメーセージを送ろうとしています。そういえば、こんな話聞いたことがあるなーと思い出してもらえれば本望です。

今般、晶文社の太田泰弘社長のご支援で、普段話していたことを、本にしていただくことになりました。心よりお礼申し上げます。

（正）

本書は、一九九八〜二〇一二年に、京北中学校・高等学校、京北学園白山高等学校の広報誌に掲載したものや、朝礼、ホームルーム、授業での話などをまとめなおし、一部、改題・加筆したものです。

## 川合正（かわい・ただし）

三重県出身。東洋大学大学院修士課程修了、上智大学カウンセリング研究所修了後に助手を三年間経験。現在、東洋大学経営企画本部事務室参与。京北中学校・高等学校、京北学園白山高等学校前学校長、日本私学教育研究所「復興教育支援事業」運営委員。一九九七年読売教育賞優秀賞、一九九九年読売教育賞最優秀賞、二〇〇〇年東書教育賞優秀賞を受賞するとともに教育関係論文も多い。著書に『いま、子供たちが変だ――親子の会話を取り戻すために』（丸善ライブラリー、二〇〇一年）、『男の子がやる気になる子育て』（かんき出版、二〇〇九年）などがある。

## 川合芳子（かわい・よしこ）

東京都出身。東洋大学文学部国文学科卒業後、千葉県の公立中学校で国語教員を務める。二人の男児に恵まれ、子育てに専念。子どもが手を離れてからは、山野を歩いて、野草やキノコを観察することを趣味とする。ボタニカルアートを長年斎藤光一先生に師事し、学ぶ。最近は、本田エリザベス先生の英会話教室にも通う。

# 未来《みらい》を支《ささ》える君《きみ》たちへ


二〇一二年三月二八日初版
二〇一二年五月三〇日二刷

著者　川合正
絵　川合芳子
発行者　株式会社晶文社
東京都千代田区神田神保町一-一一
電話　(〇三)三五一八-四九四〇(代表)・四九四二(編集)
URL　http://www.shobunsha.co.jp
印刷　株式会社東京印書館
製本　ナショナル製本協同組合
装丁・デザイン　大村麻紀子
編集協力　佐川敏章





ISBN978-4-7949-6777-0　Printed in Japan